Viaje a la Luna

Agradecimientos a Stuart Atkinson por la información
facilitada acerca de las expediciones lunares
Dirección editorial: Gillian Doherty
Fotografías © NASA; fotografías de la Tierra © Digital Vision

Viaje a la Luna

Anna Milbourne

Ilustraciones: ßenji Davies

Diseño: Laura Fearn

Traducción: Gemma Alonso de la Sierra
Redacción en español: Cristina Fernández y Anna Sánchez

La Luna está
muy, muy lejos.

Imagínate cómo
sería ir a visitarla.

Algunas personas han viajado a la Luna.
Son astronautas, que han ido para ver cómo es.

Si fueras a la Luna, también tú serías astronauta.

A la Luna se llega viajando en un cohete enorme.

Cinco...

cuatro...

tres...

dos...

uno...   ¡cero!

Los astronautas van en una cabina muy pequeña
que está en la punta del cohete.

El cohete sale al espacio.

Allí no hay más que
estrellas y oscuridad.

El viaje a la Luna dura
cuatro días enteros.

Poco antes de llegar,
te montas en una nave
espacial pequeña.

La nave baja...

y baja...,

hasta que se posa lentamente en la Luna.

Para salir tienes que ponerte un traje espacial.

Los trajes espaciales llevan aire
para respirar porque en la Luna no lo hay.

La Luna es un lugar silencioso,
desierto y cubierto de polvo.

Tiene montes enormes...

y agujeros gigantes.

Pero no hay árboles, ni agua,
ni animales ni personas.

En la Luna te sientes muy ligero,
casi como si flotaras.

Los astronautas andan
brincando a grandes zancadas.

Puedes llegar muy lejos de un solo salto,
mucho más que en nuestro planeta.

En ocasiones los astronautas
exploran la Luna en un
coche lunar.

Recogen rocas lunares para estudiarlas luego.

Hacen fotos de la Luna para que
los demás veamos cómo es.

Los astronautas
colocan banderas
para que se sepa
que han estado allí.

Nuestro planeta, la Tierra,
se ve desde la Luna.

Como está muy lejos, parece muy pequeño.

Cuando llega el momento de irse, los astronautas despegan con rumbo a la Tierra.

La Luna se queda como estaba,

sin contar con la bandera, el coche...

y unas huellas en el suelo.

¿Crees que algún día viajarás a la Luna?